# BLUMEN MALBUCH

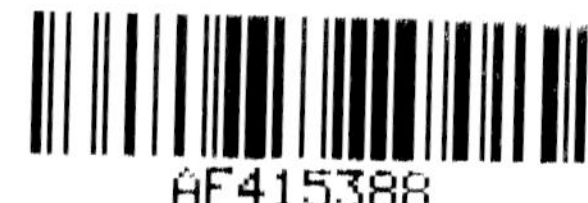

# DIESES BUCH GEHÖRT

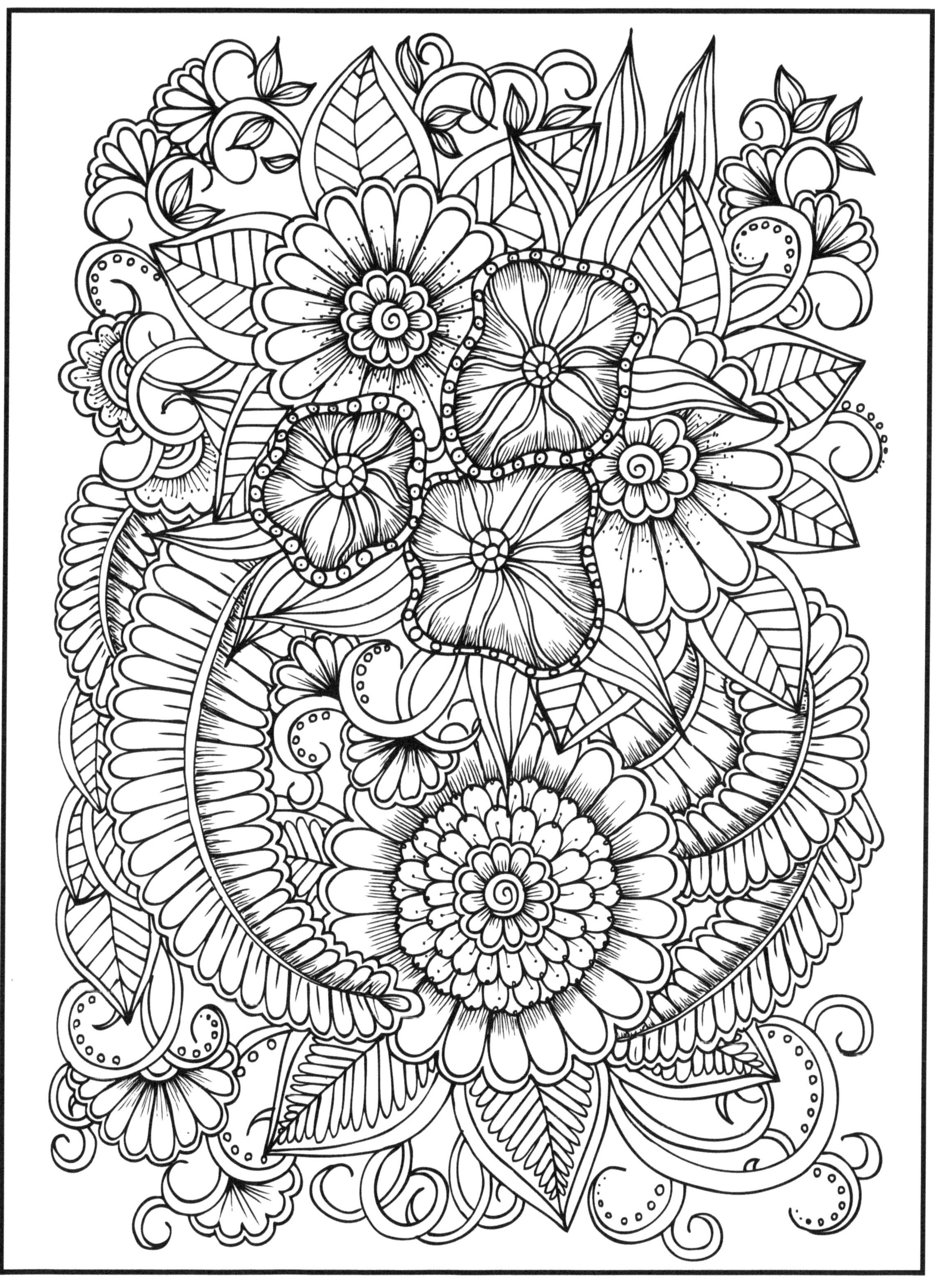

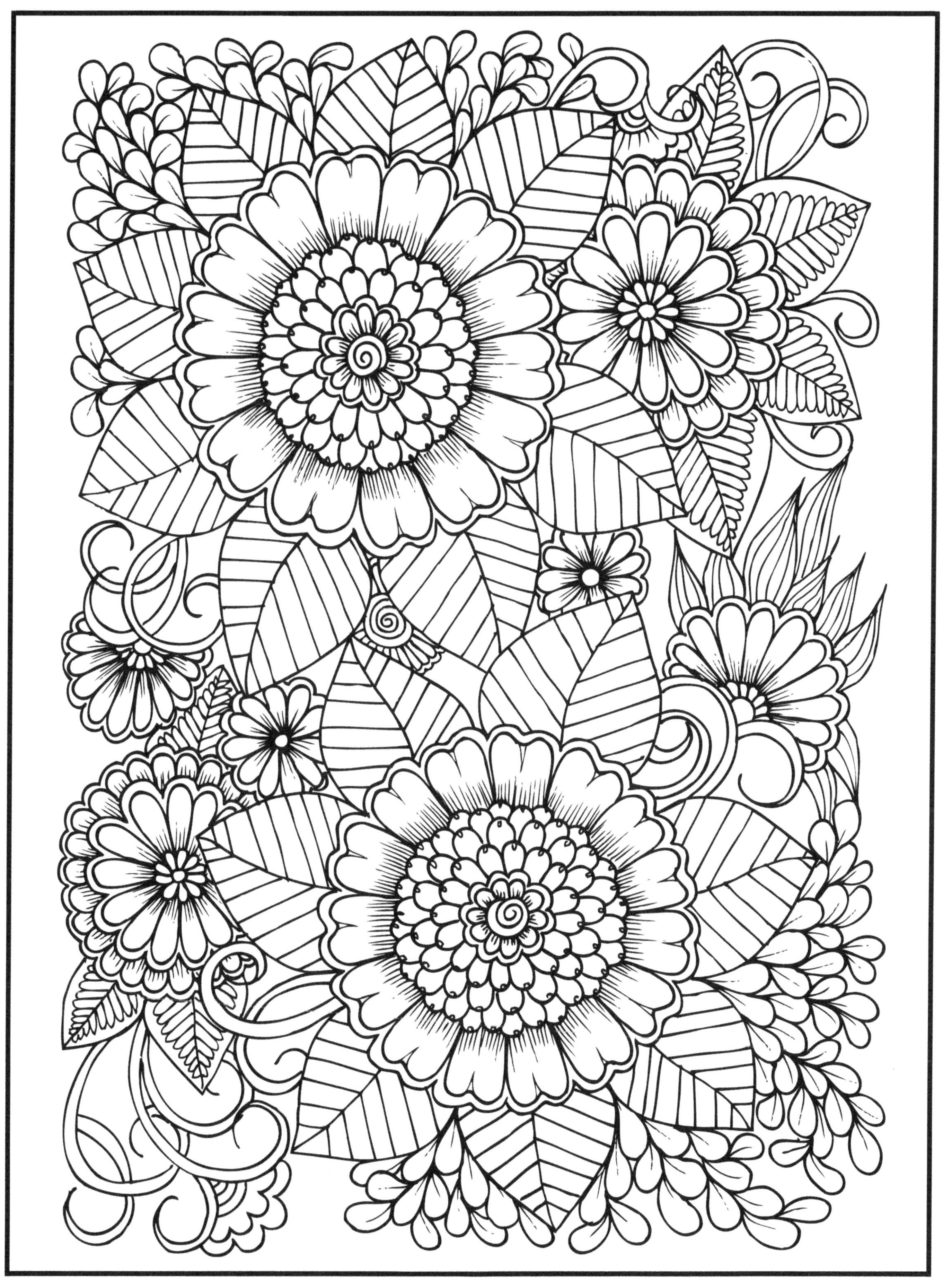

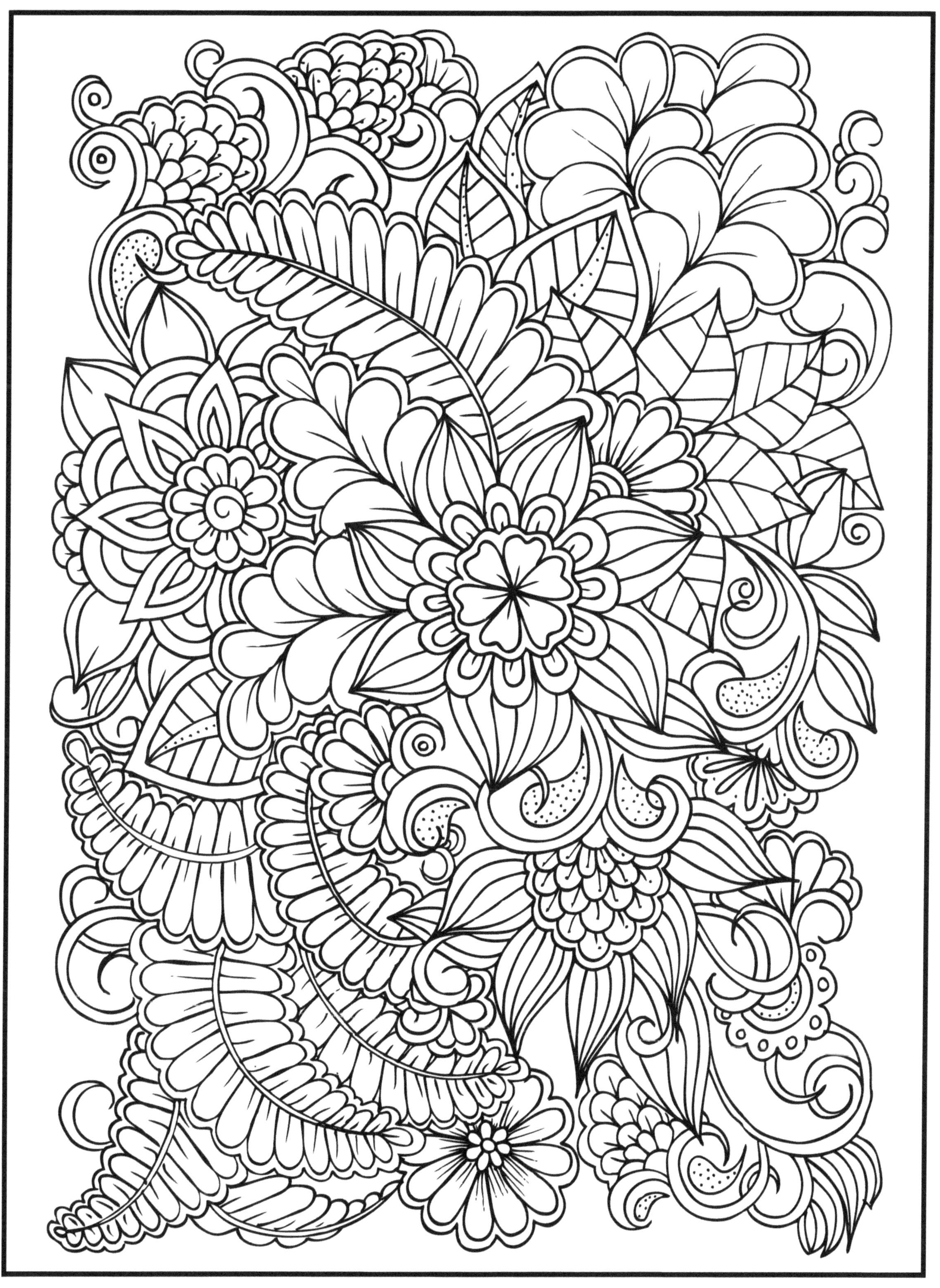

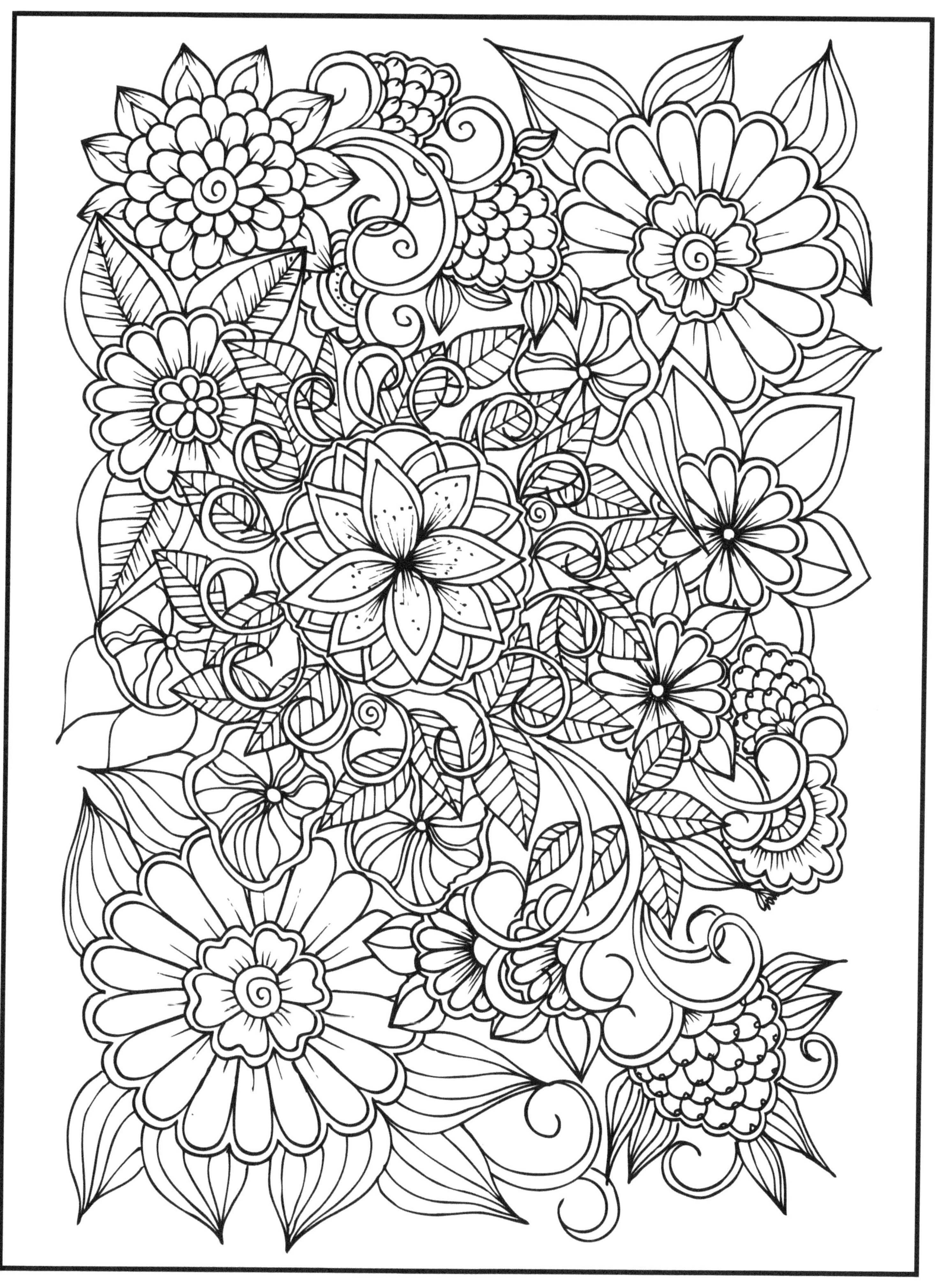

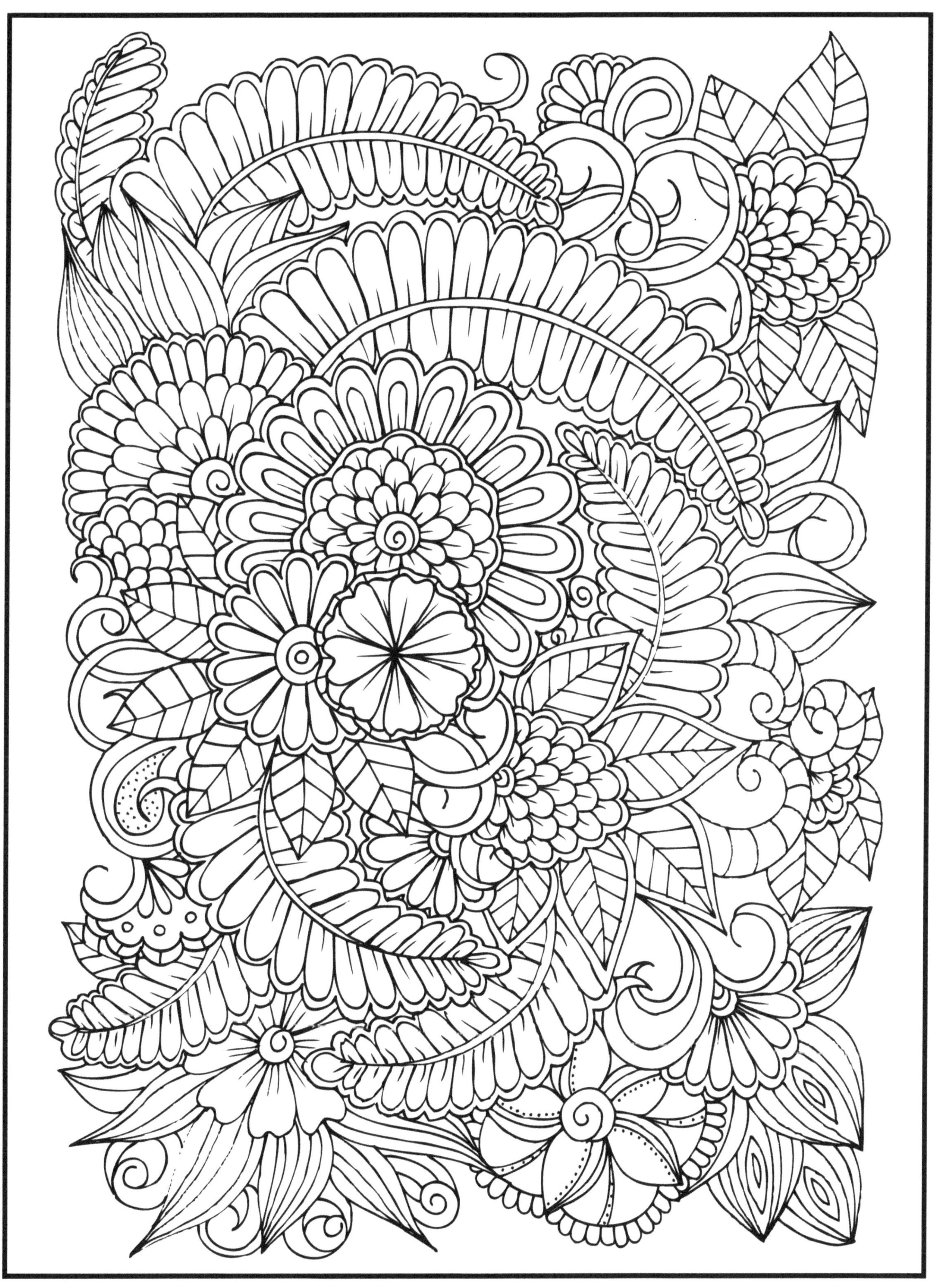

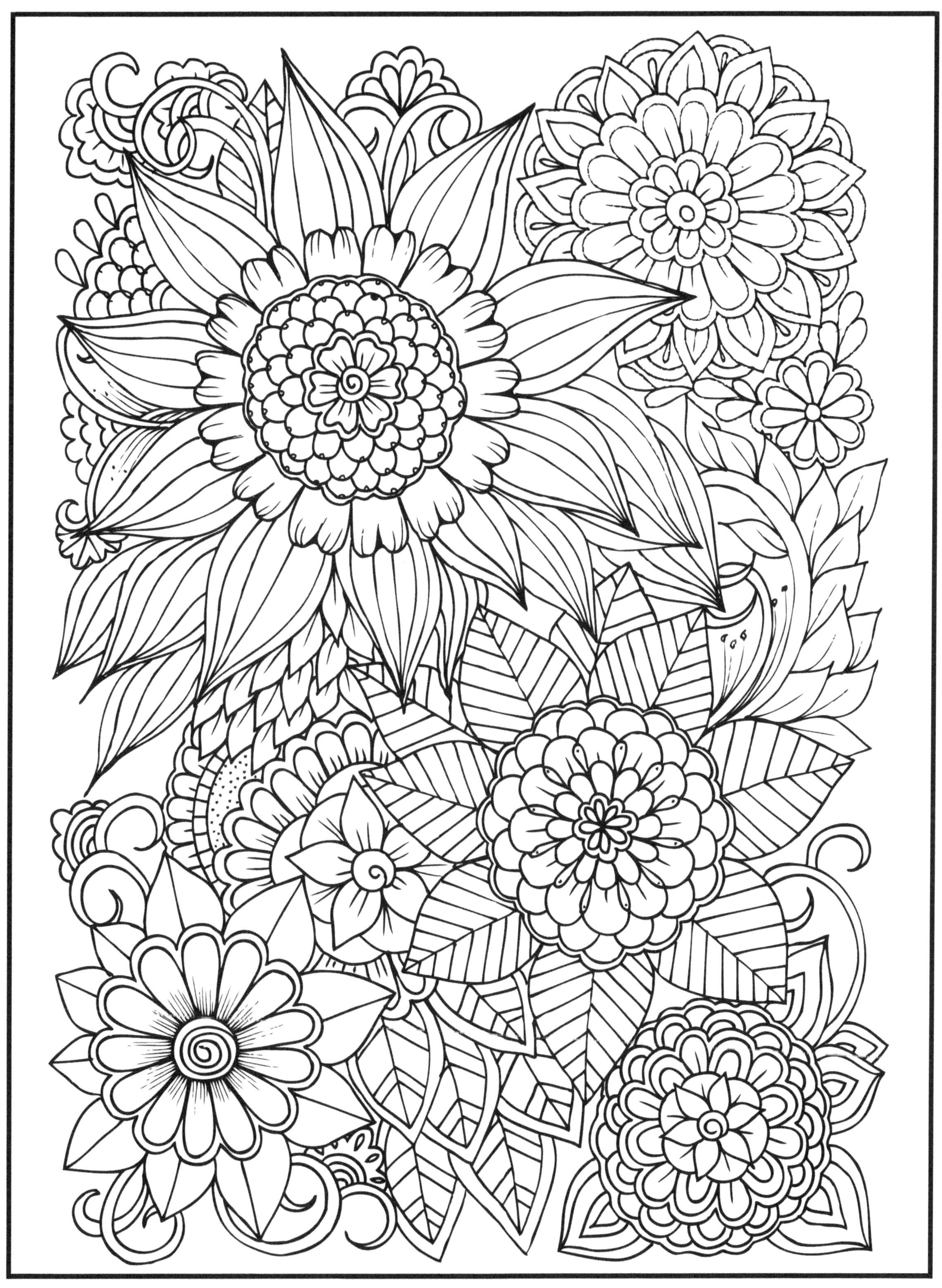

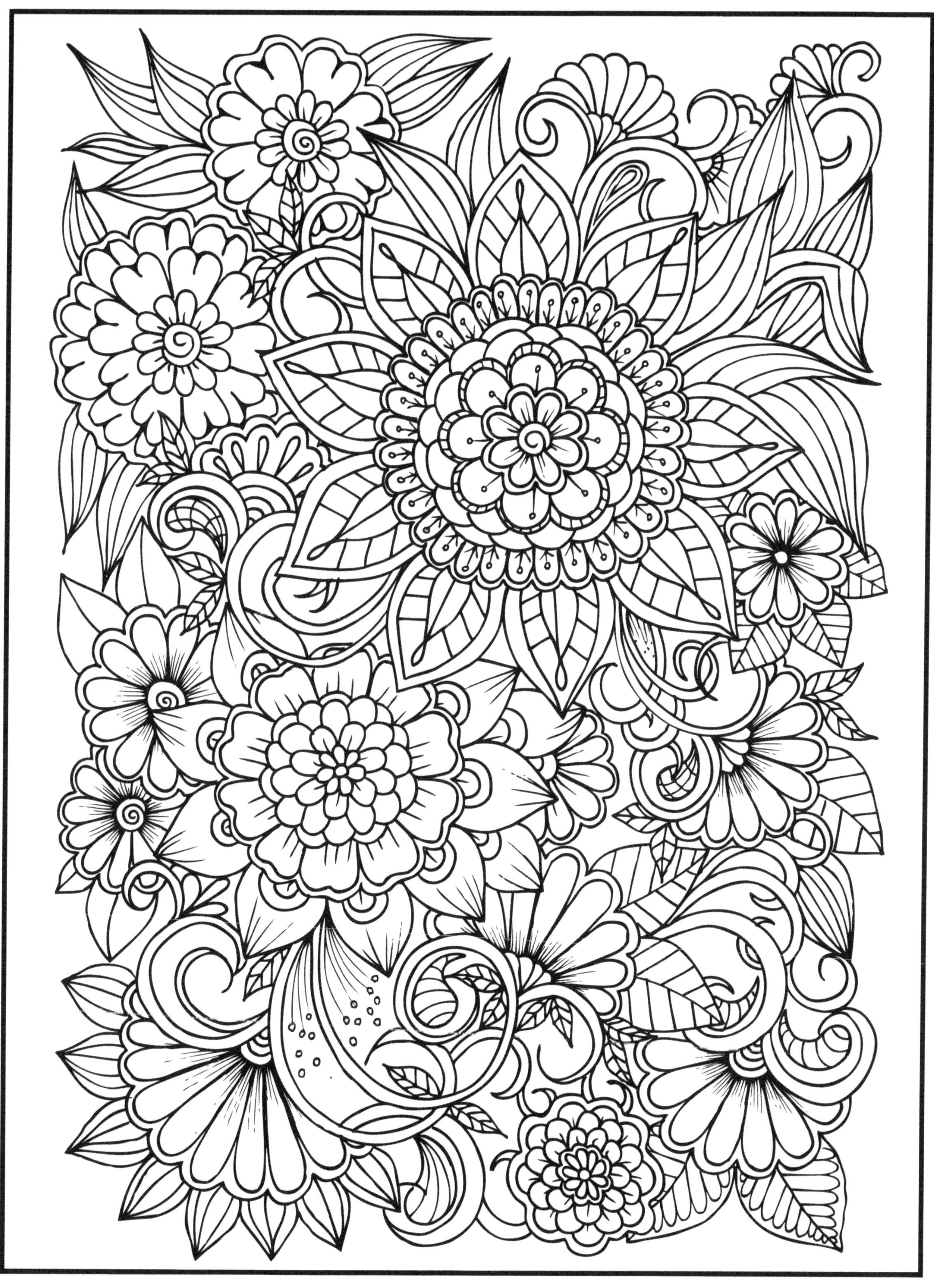

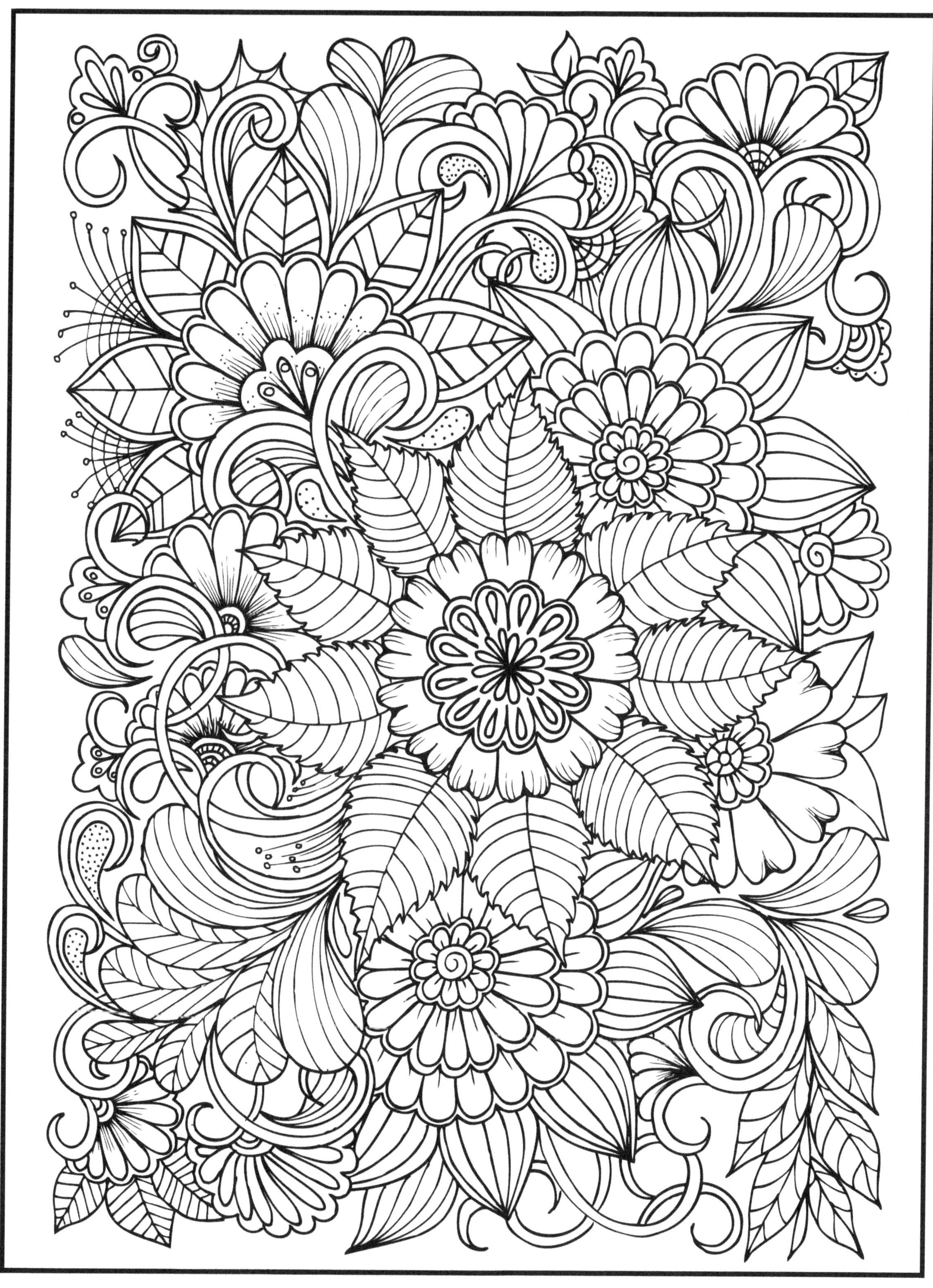

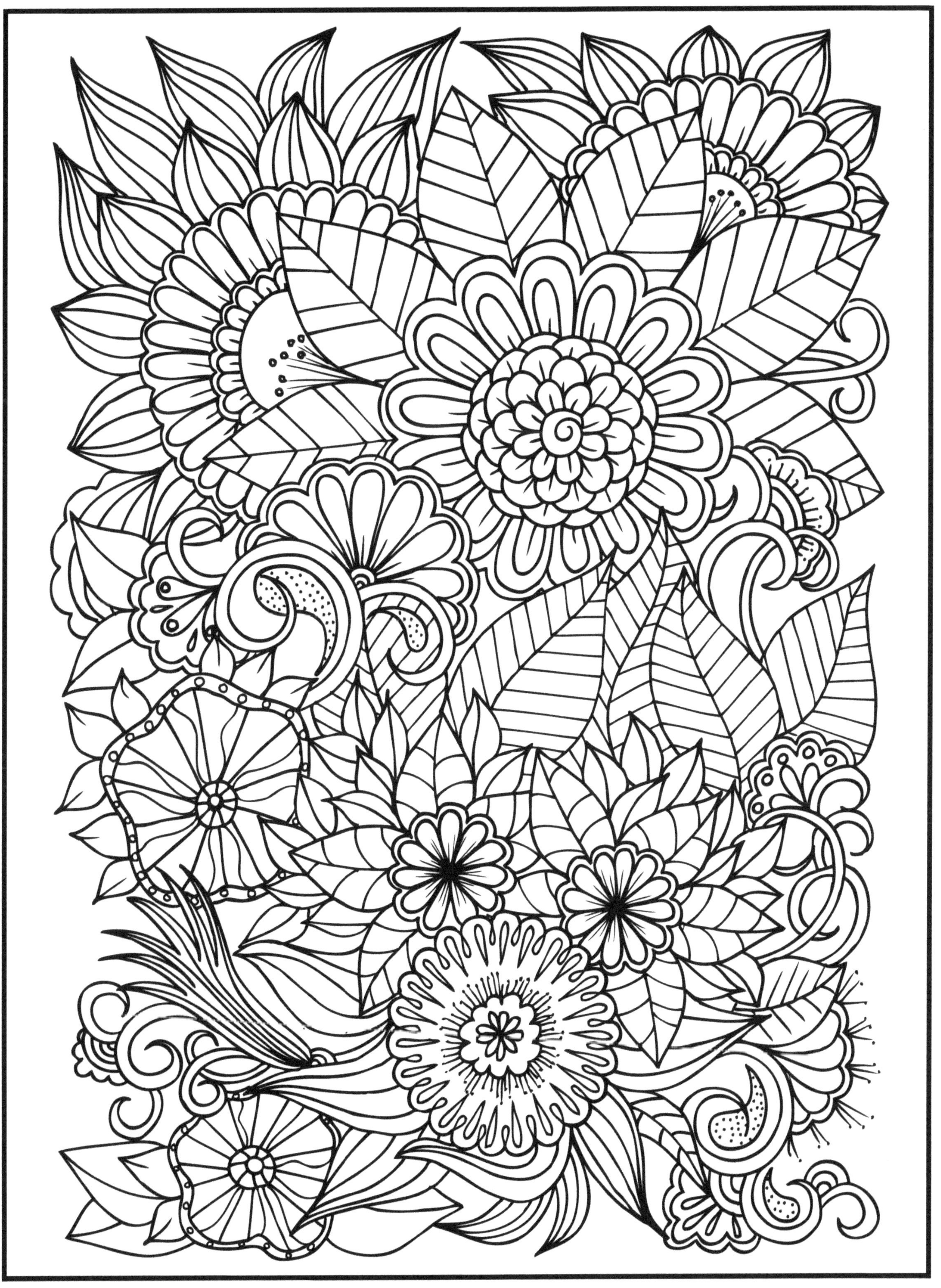

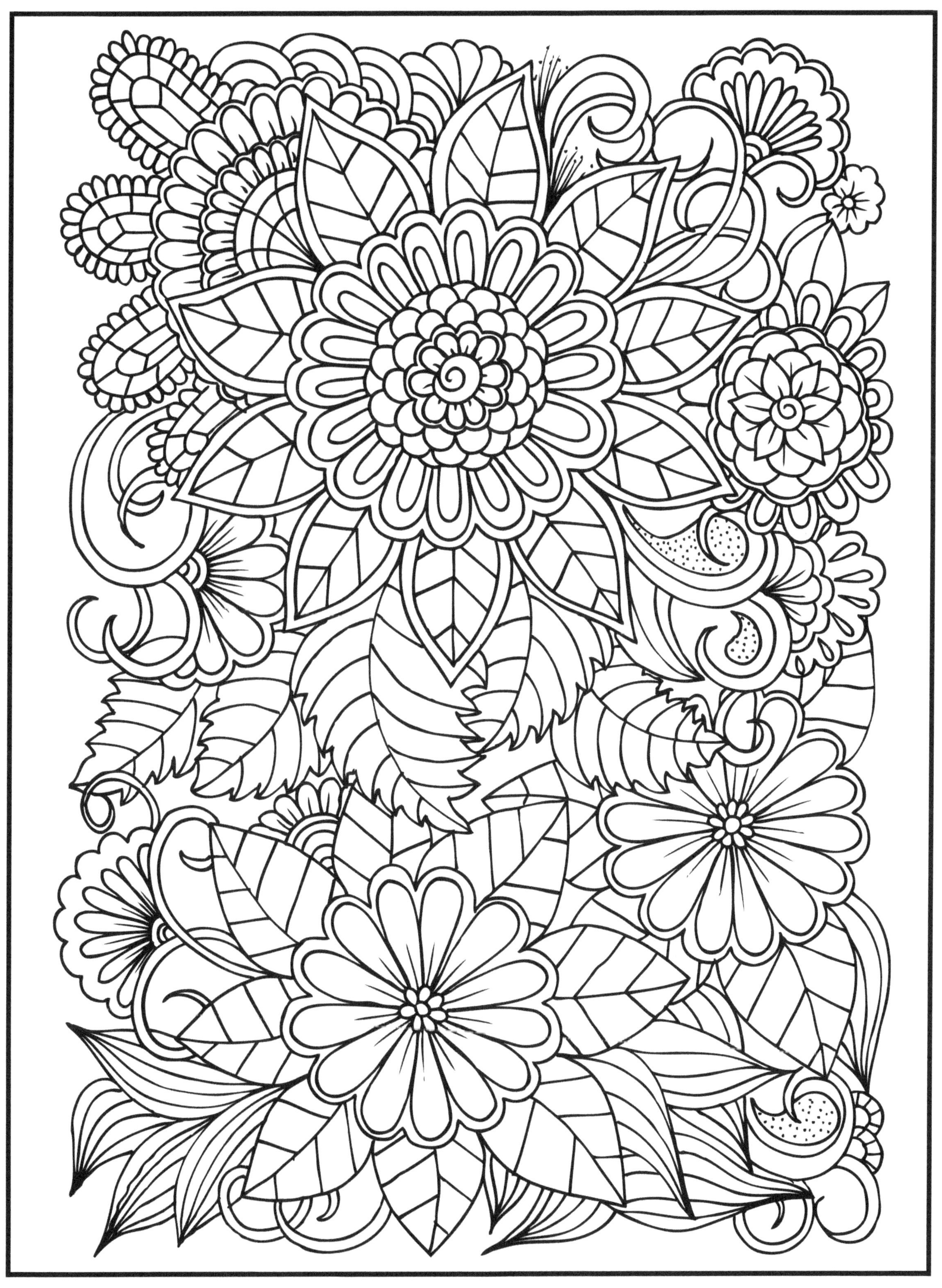

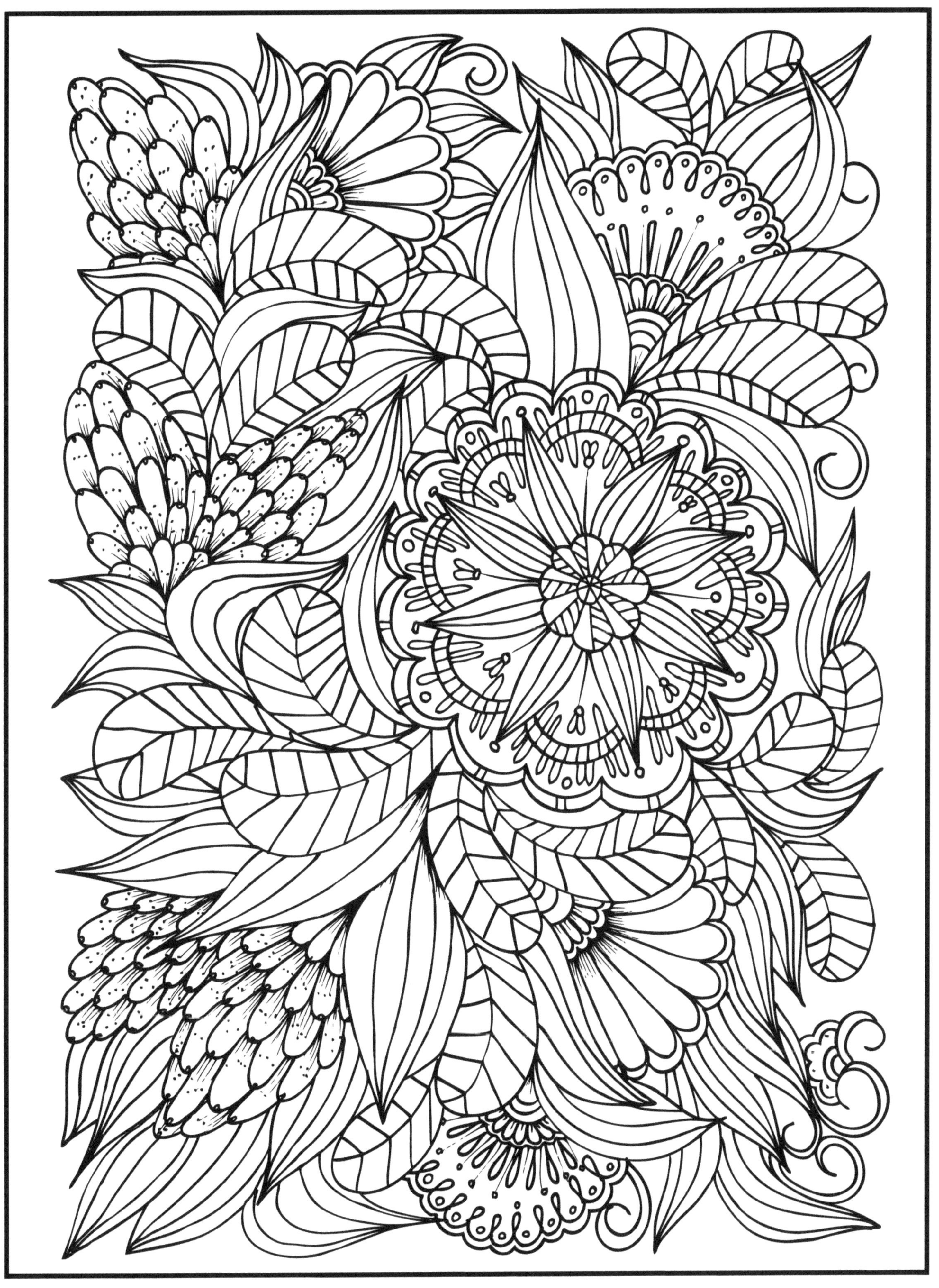

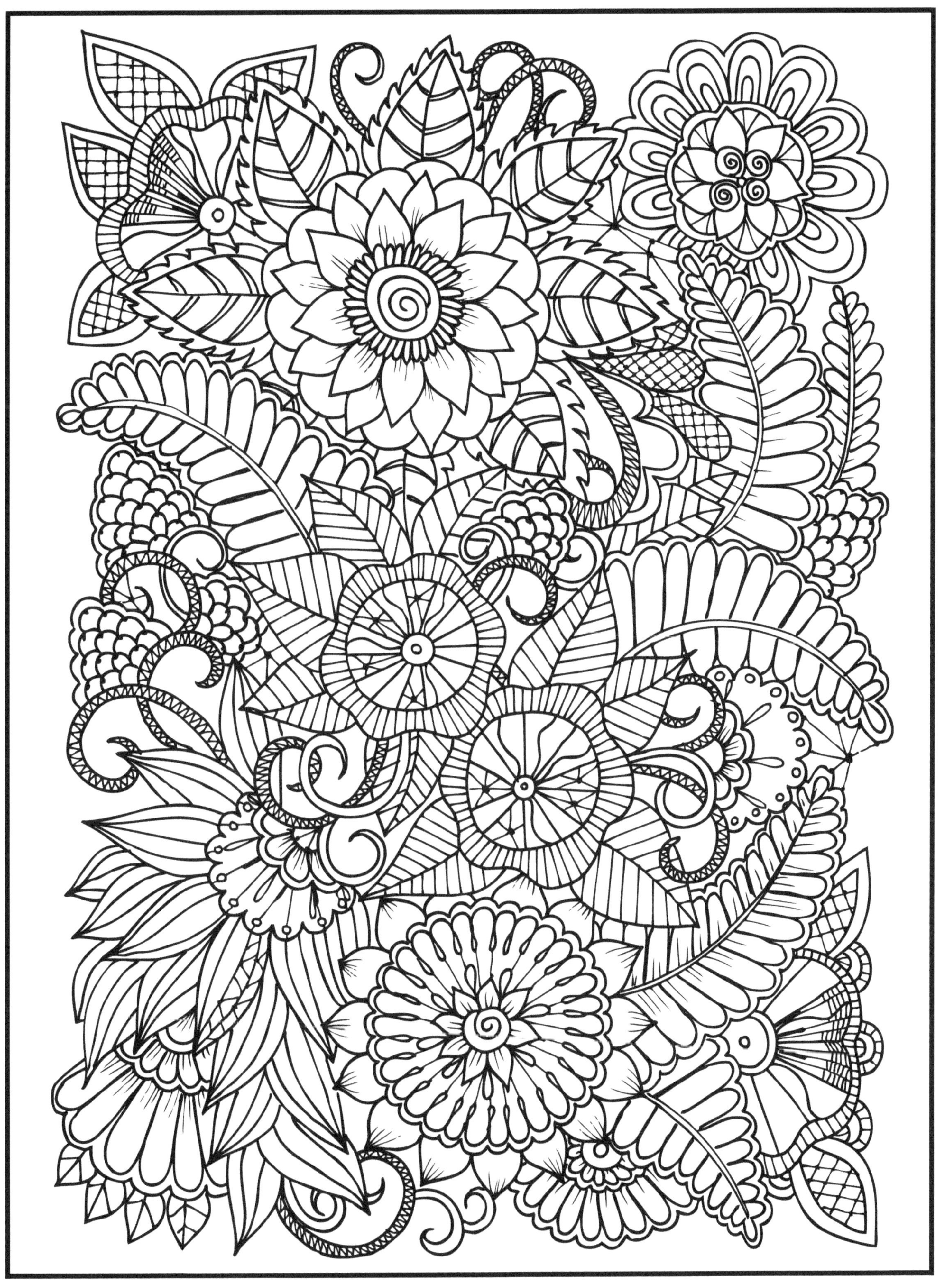

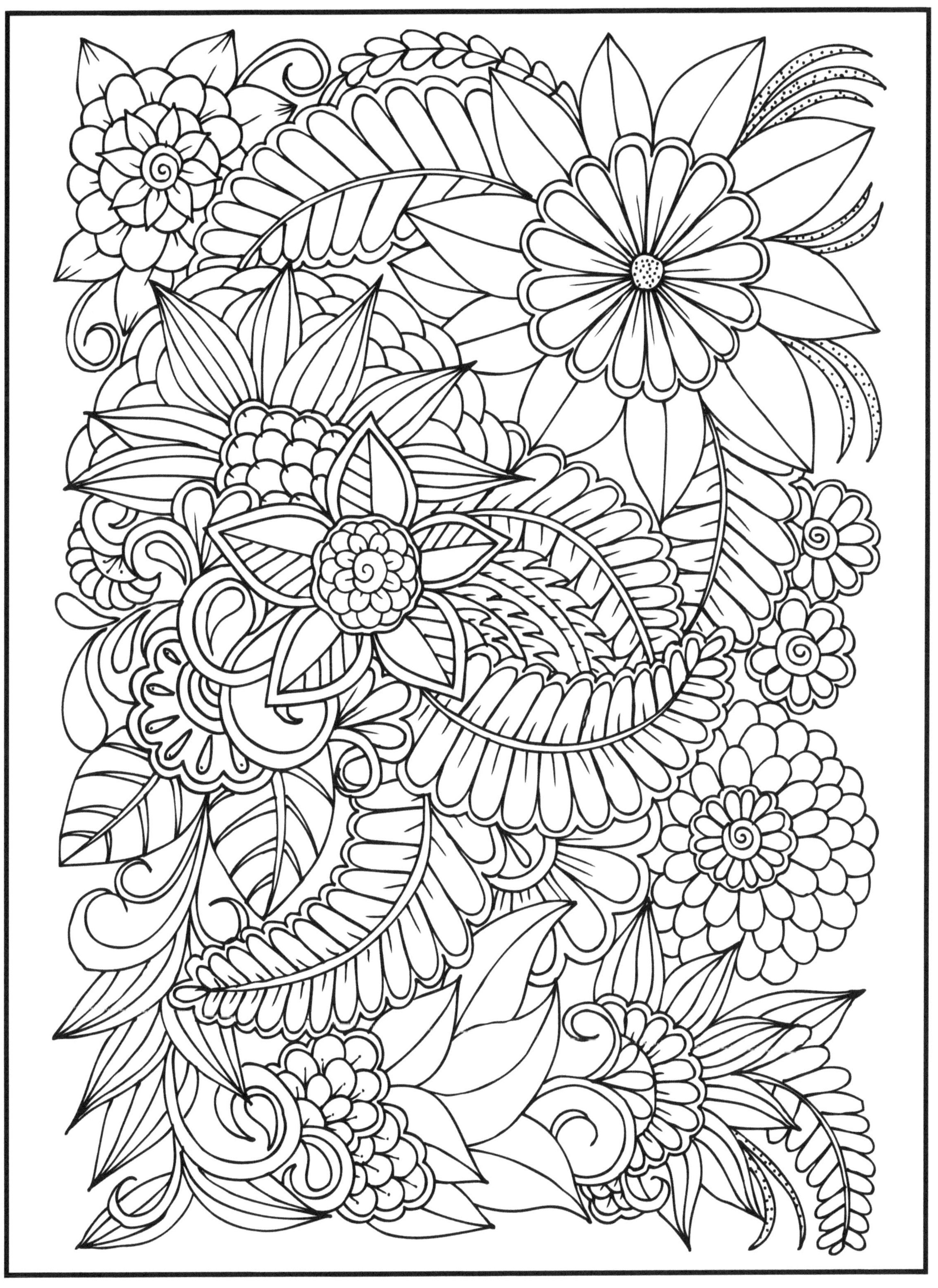

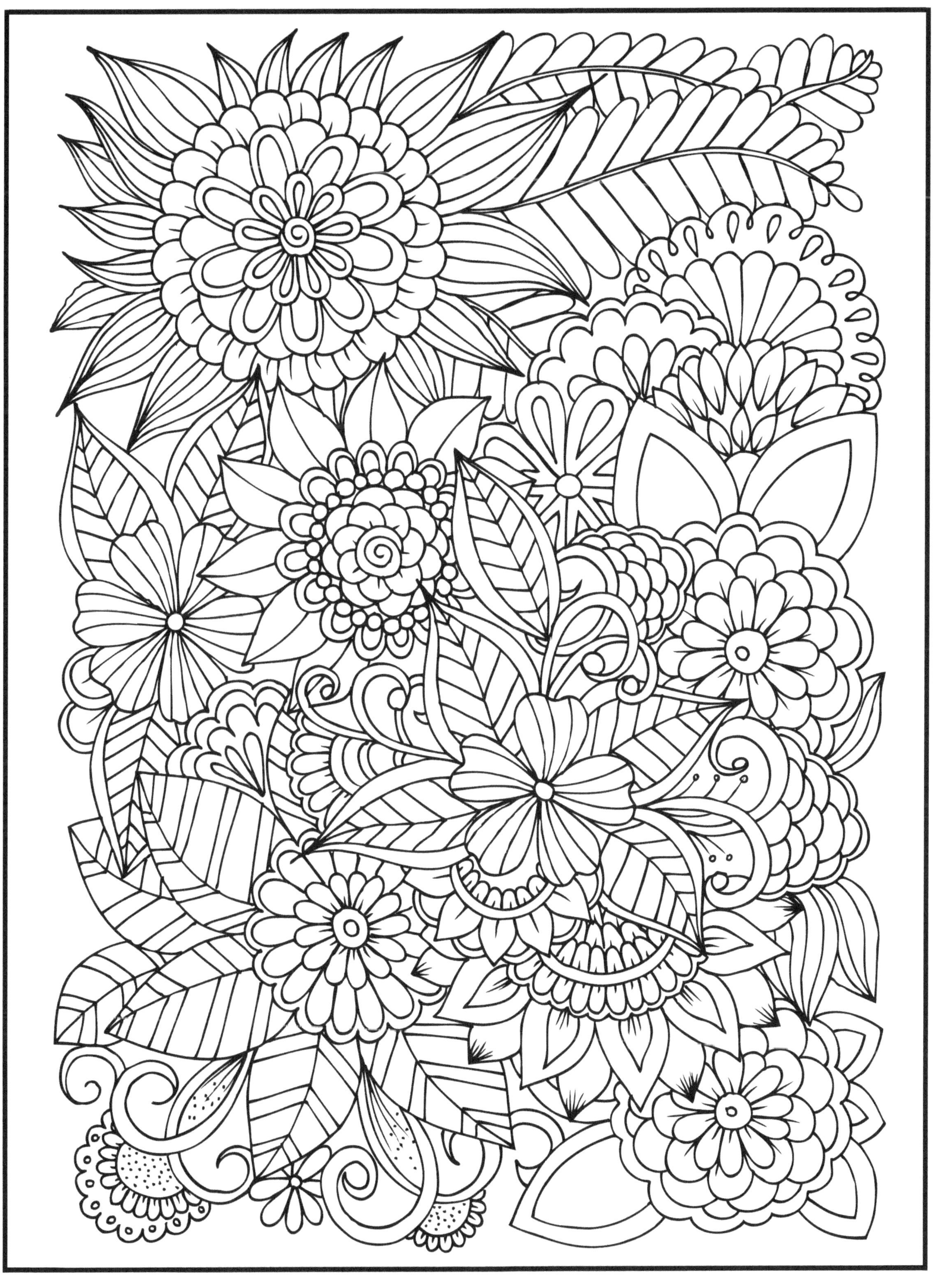

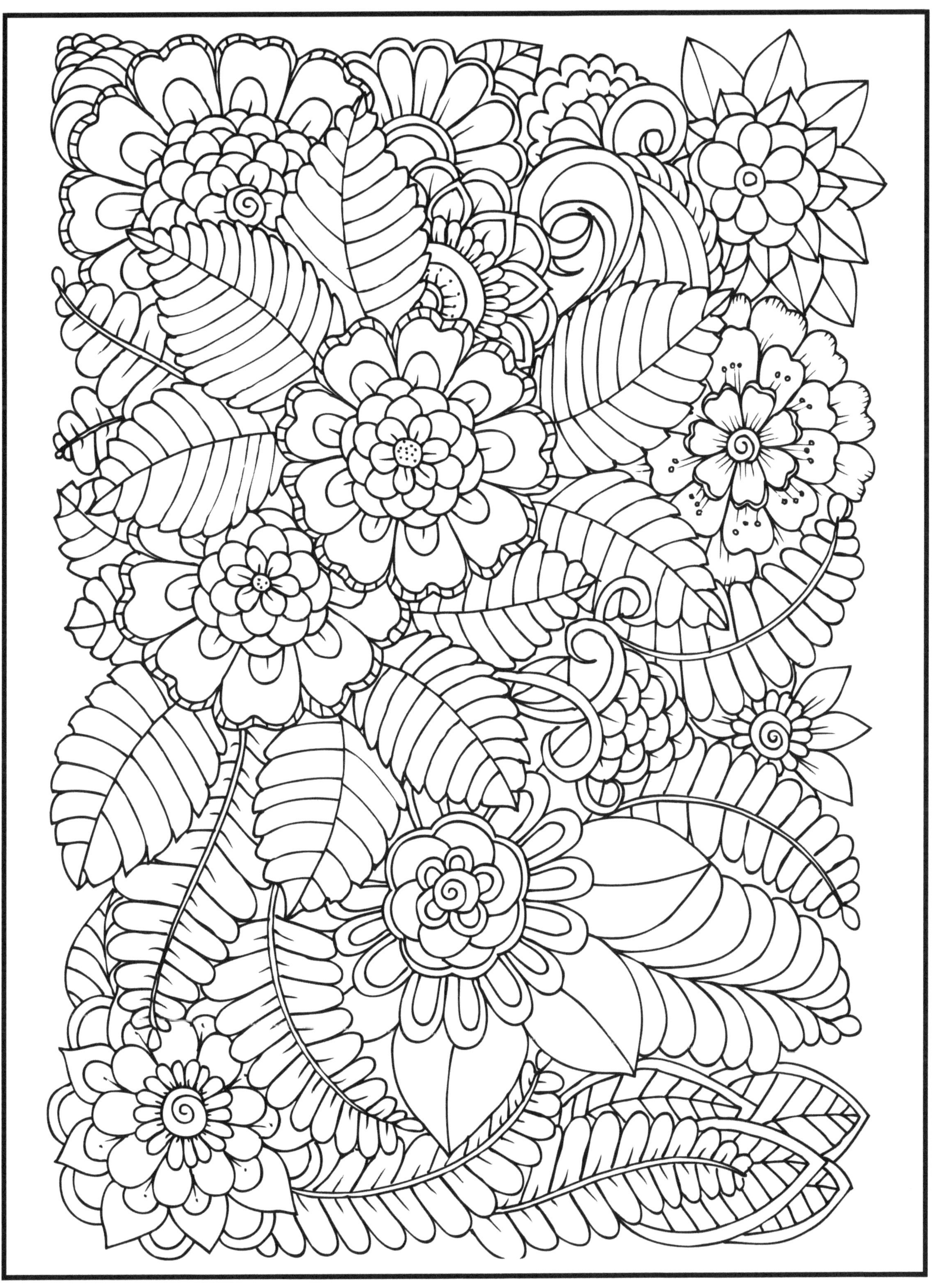

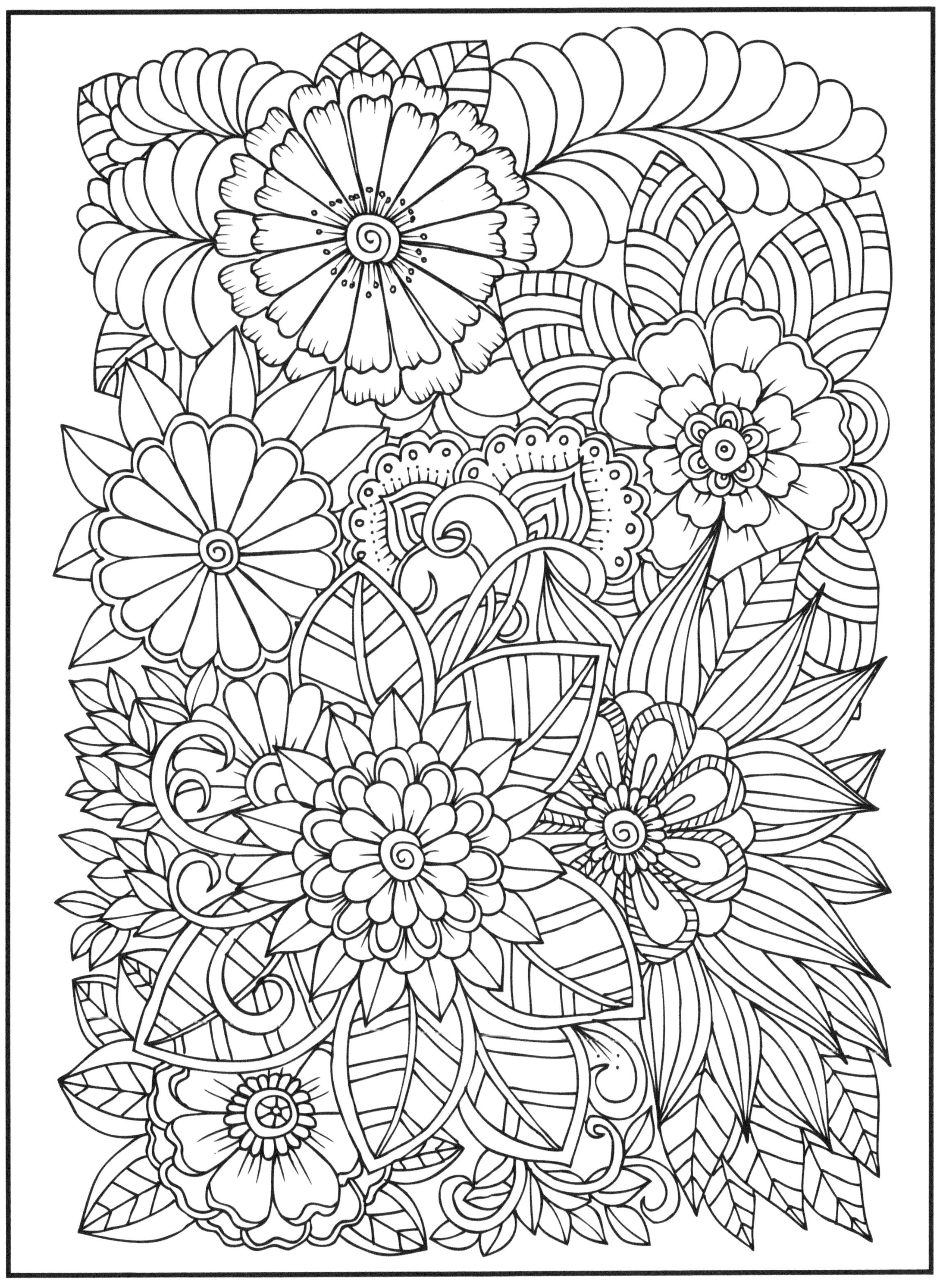

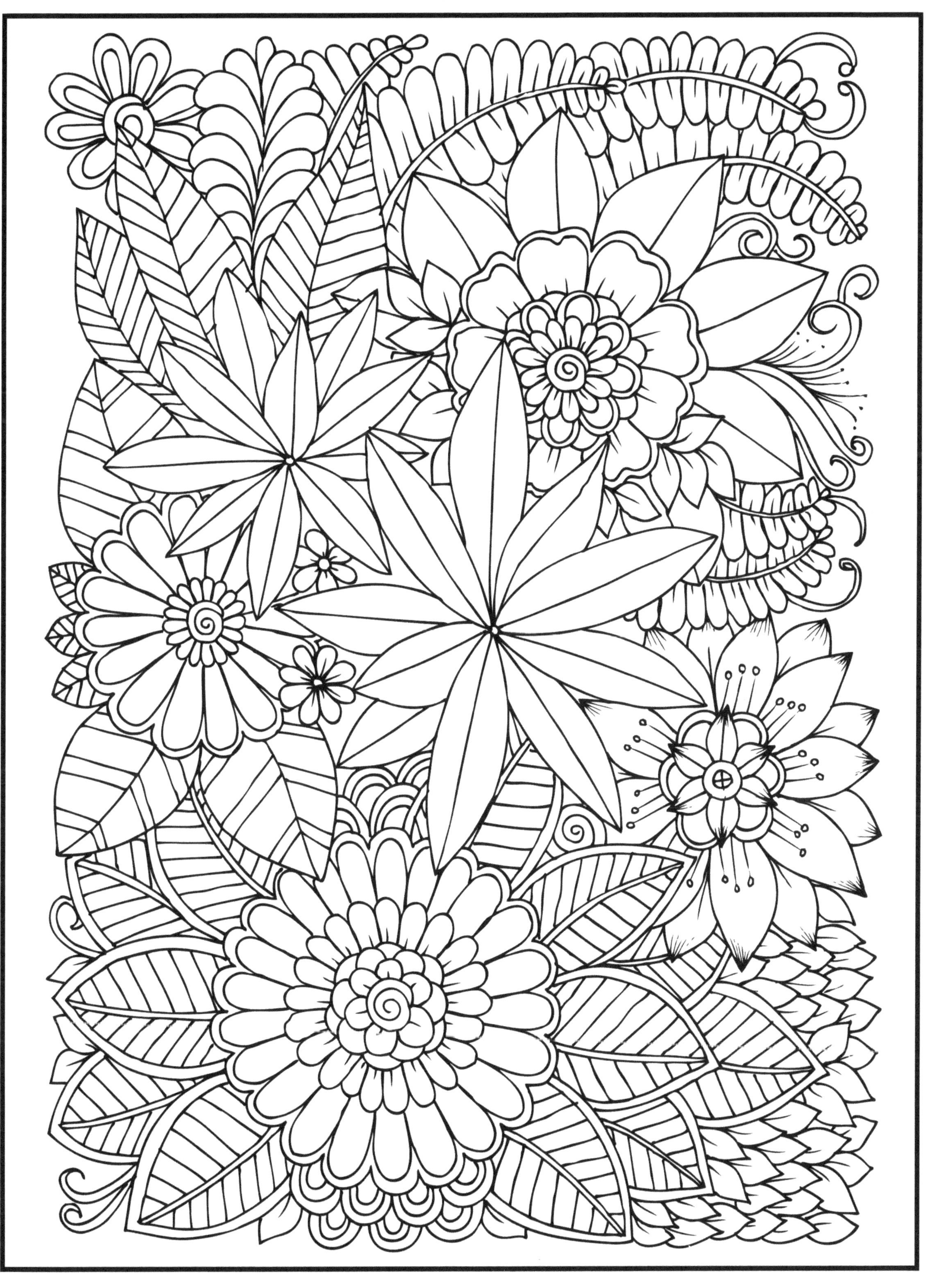

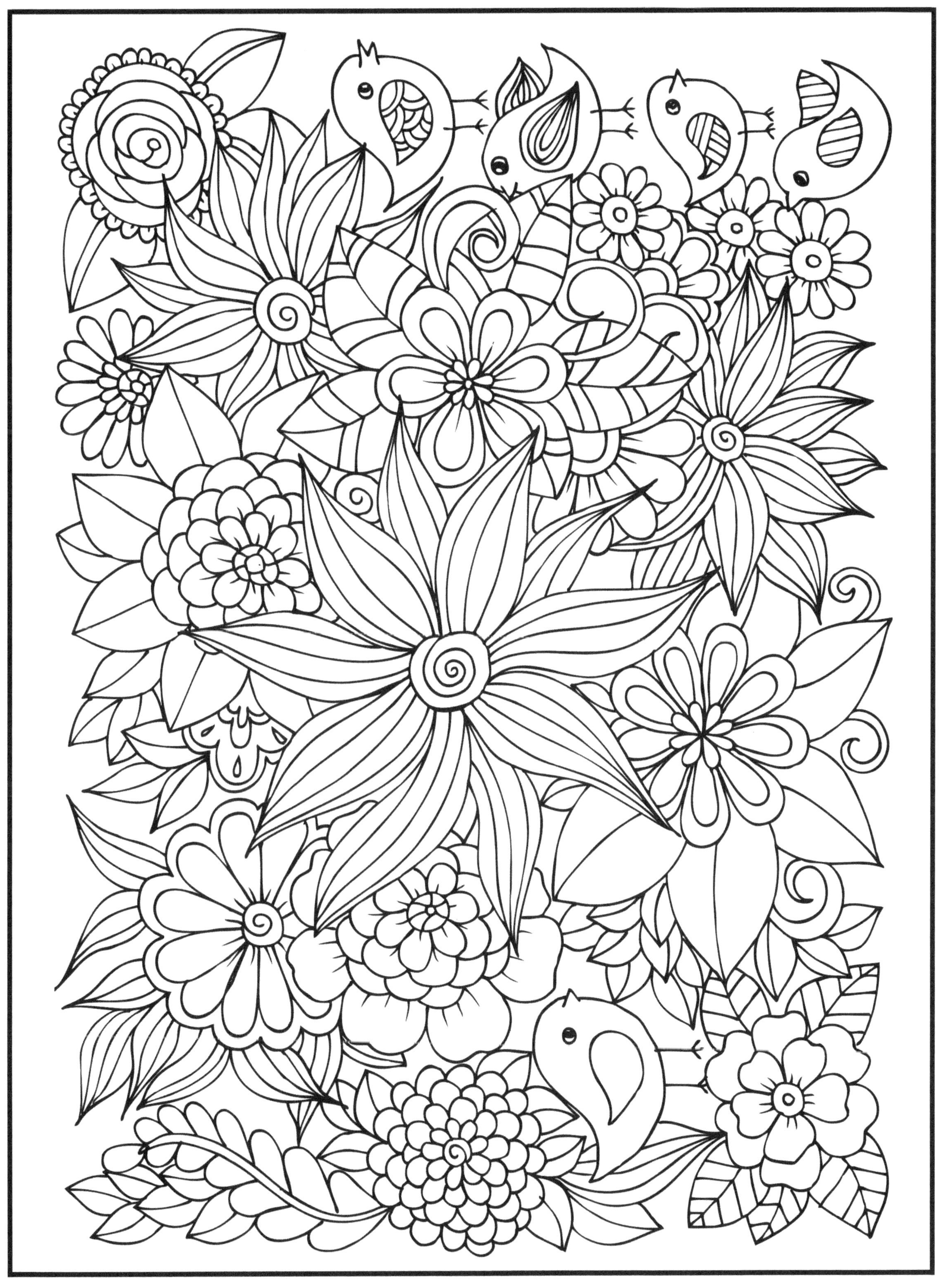

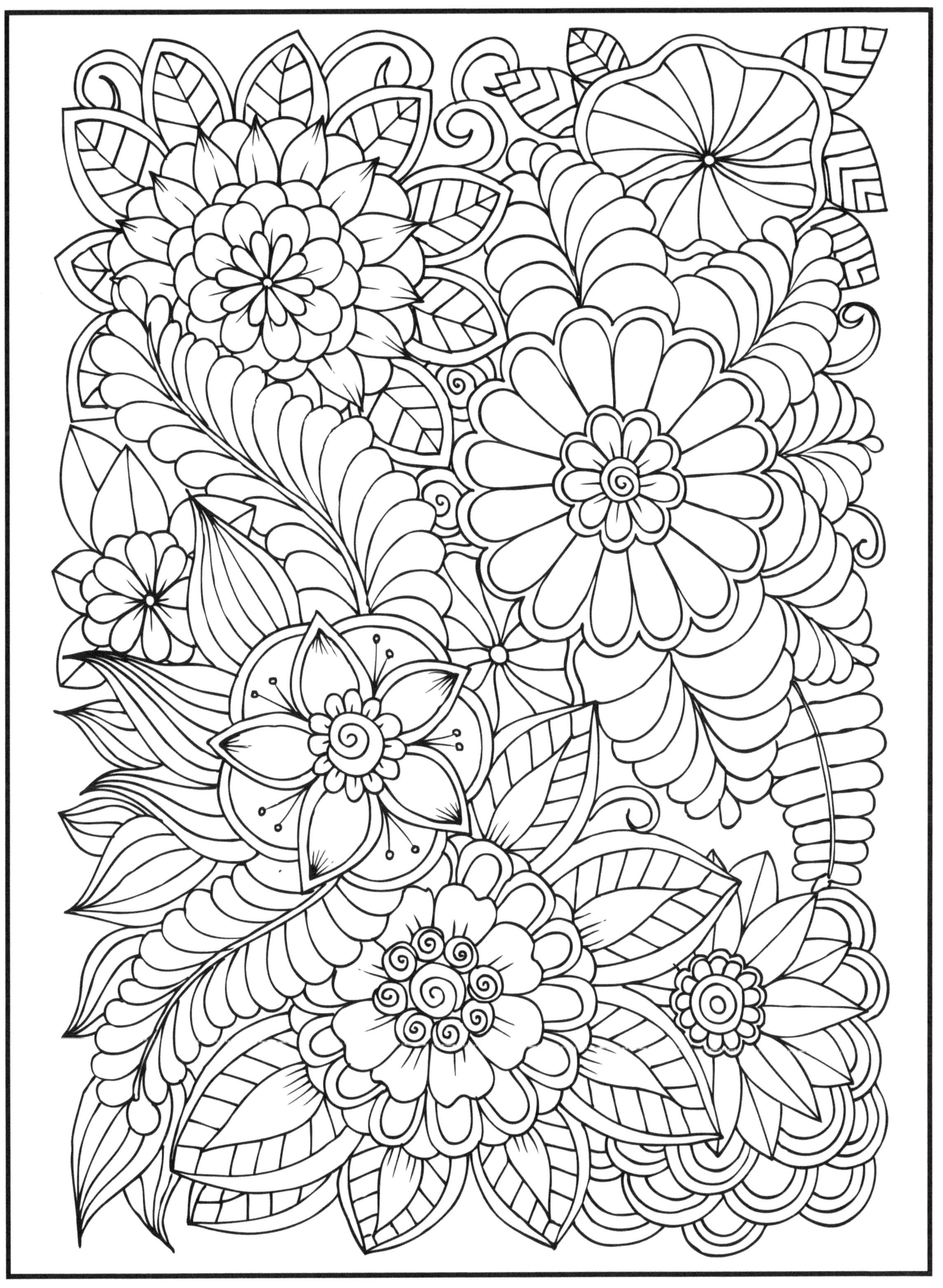

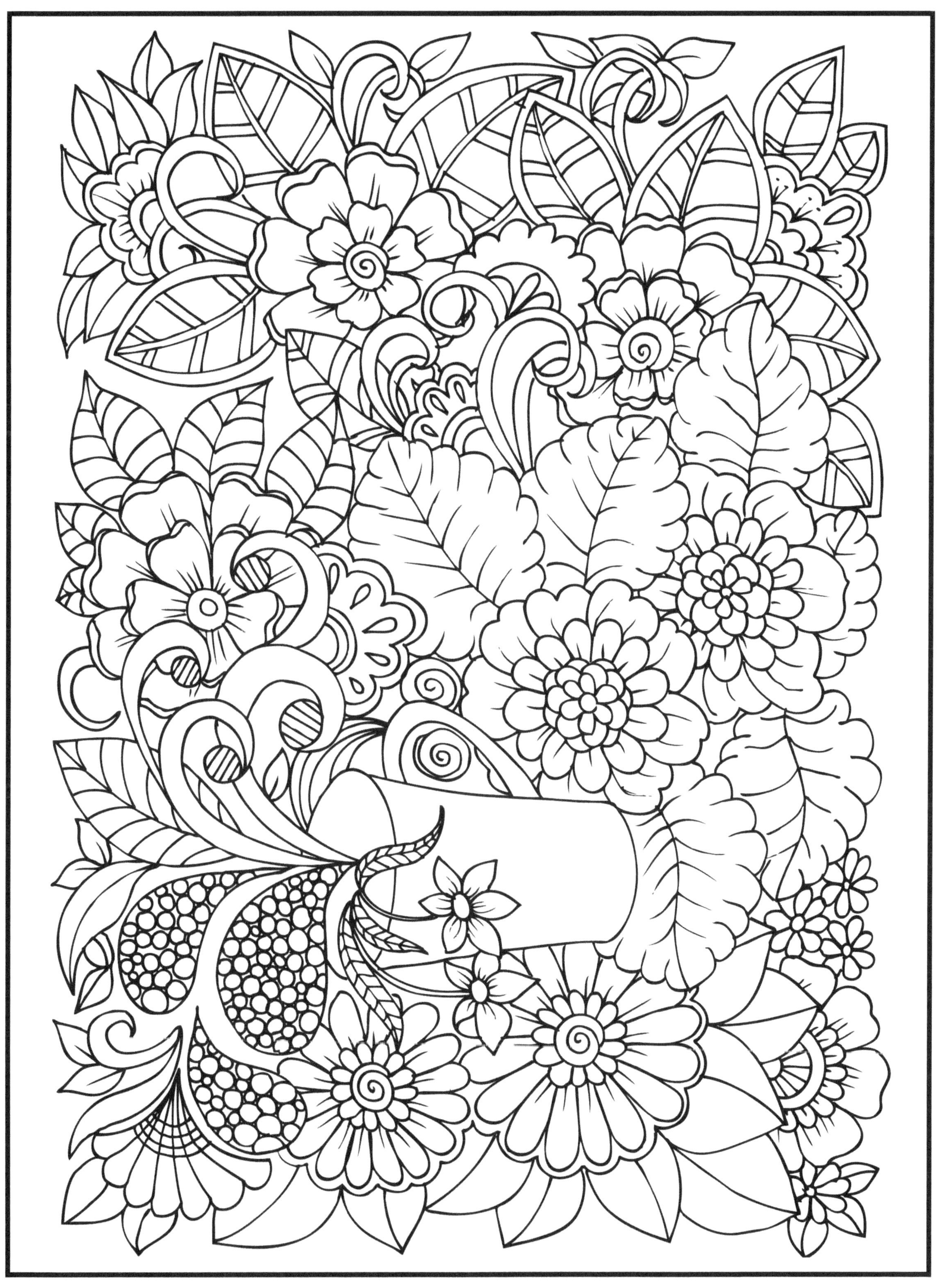

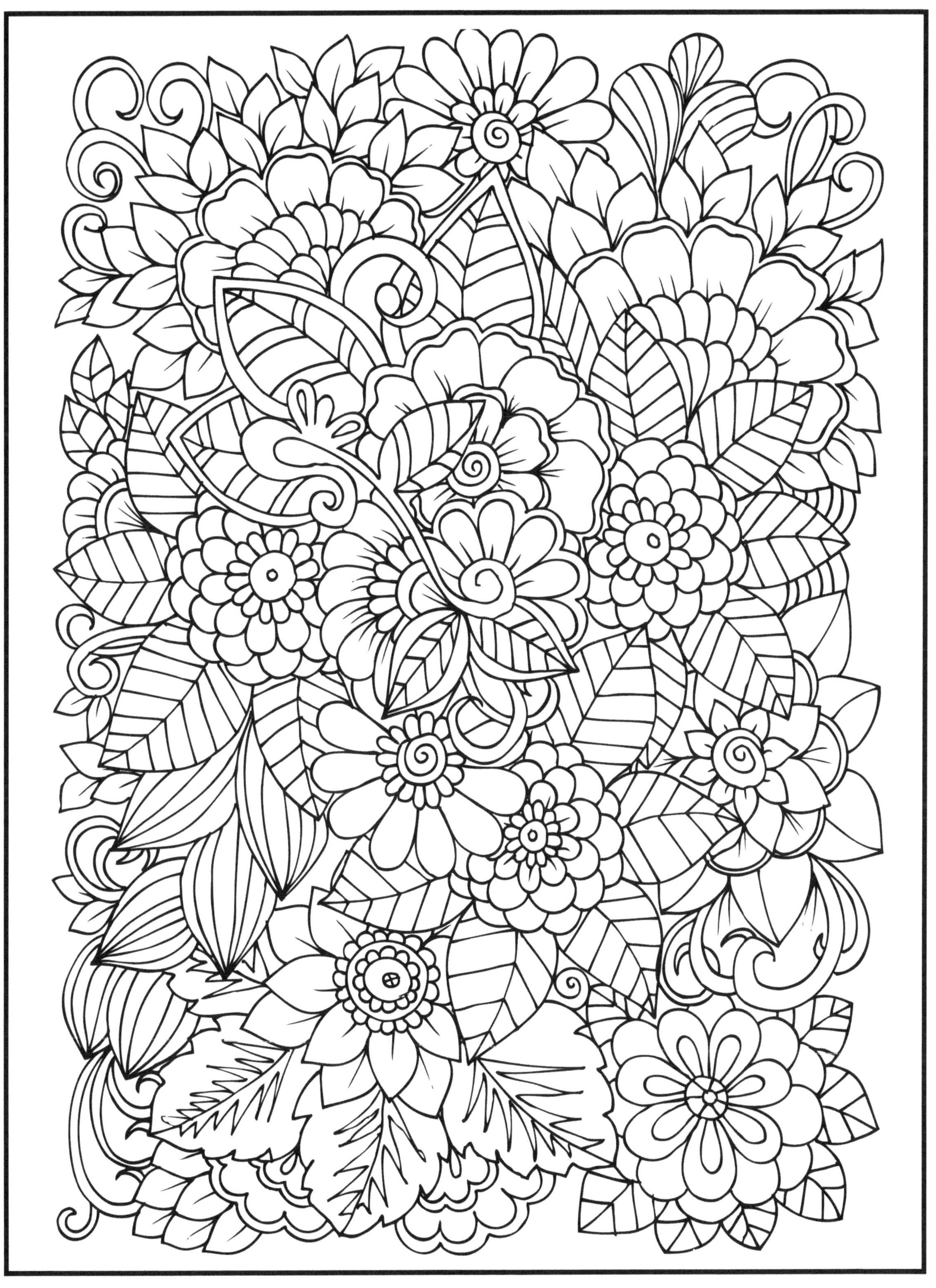

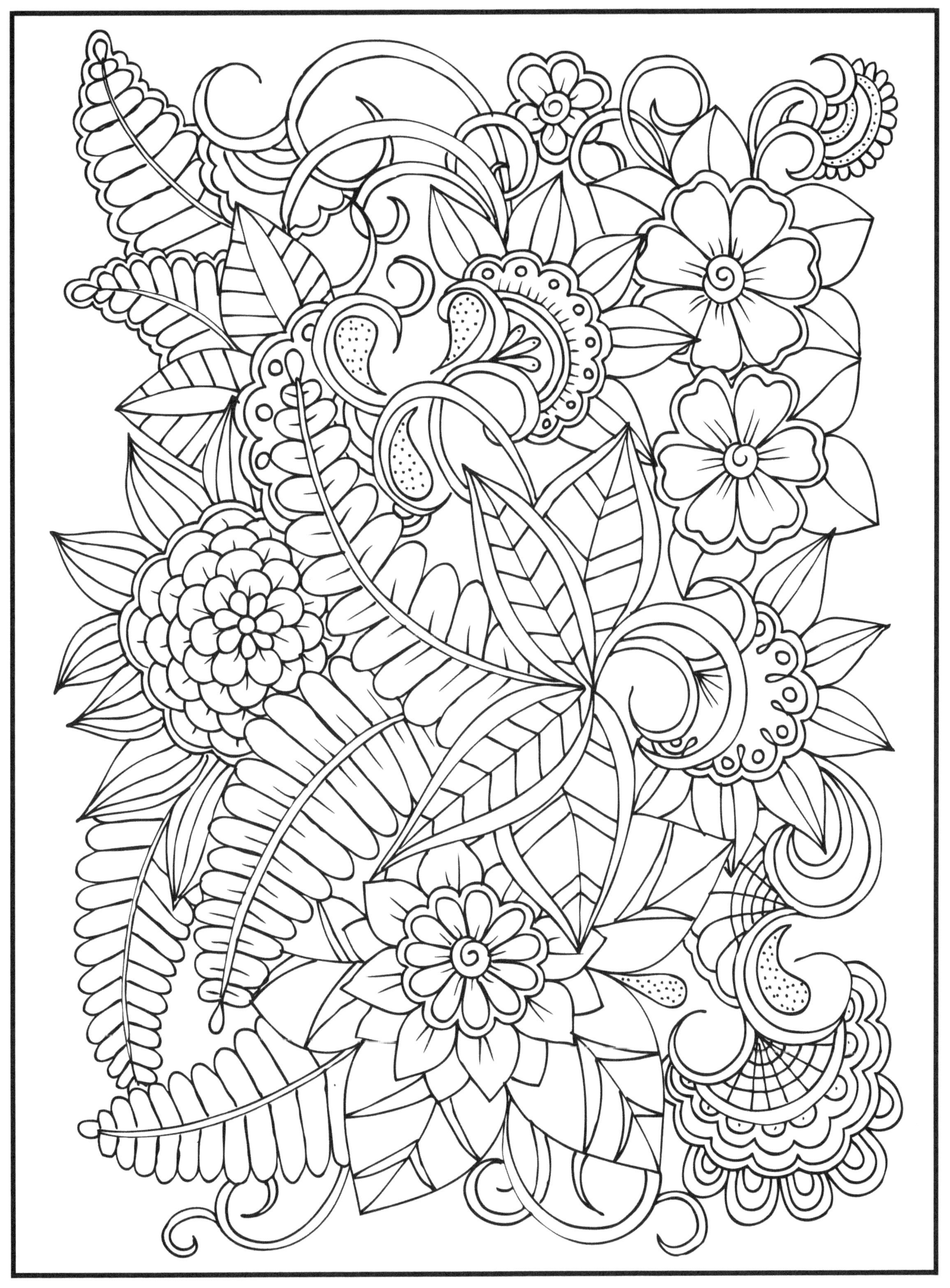

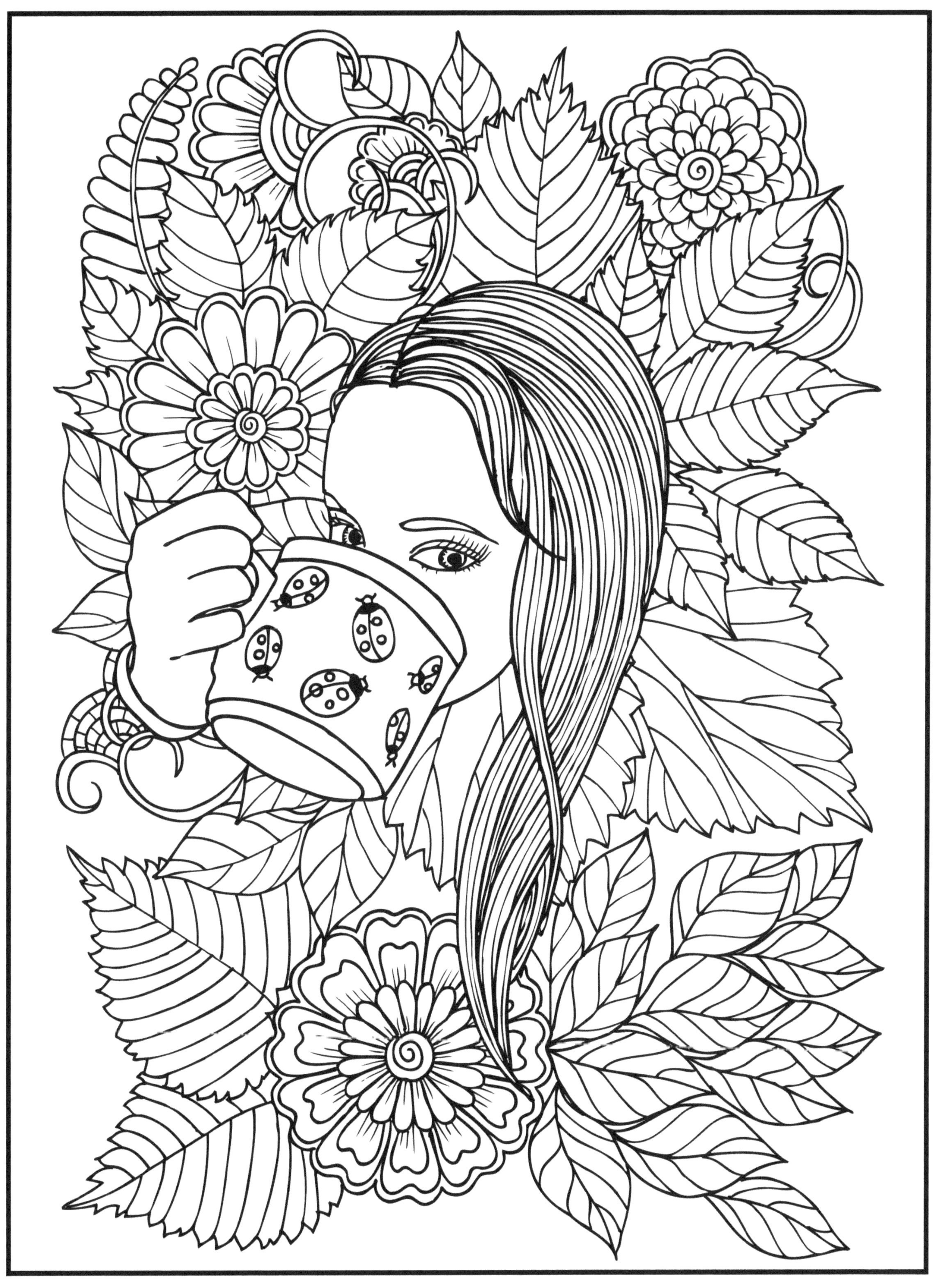

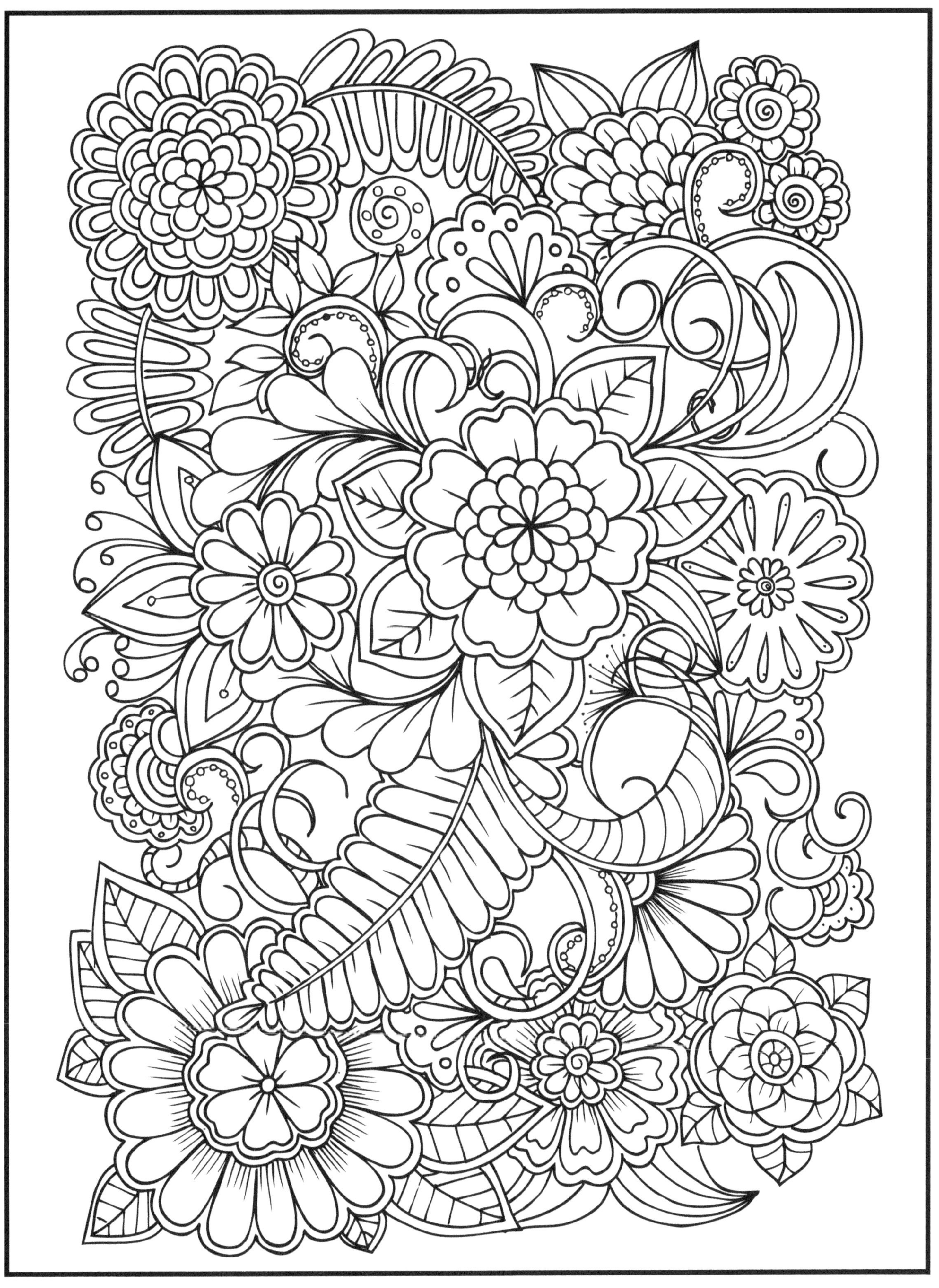

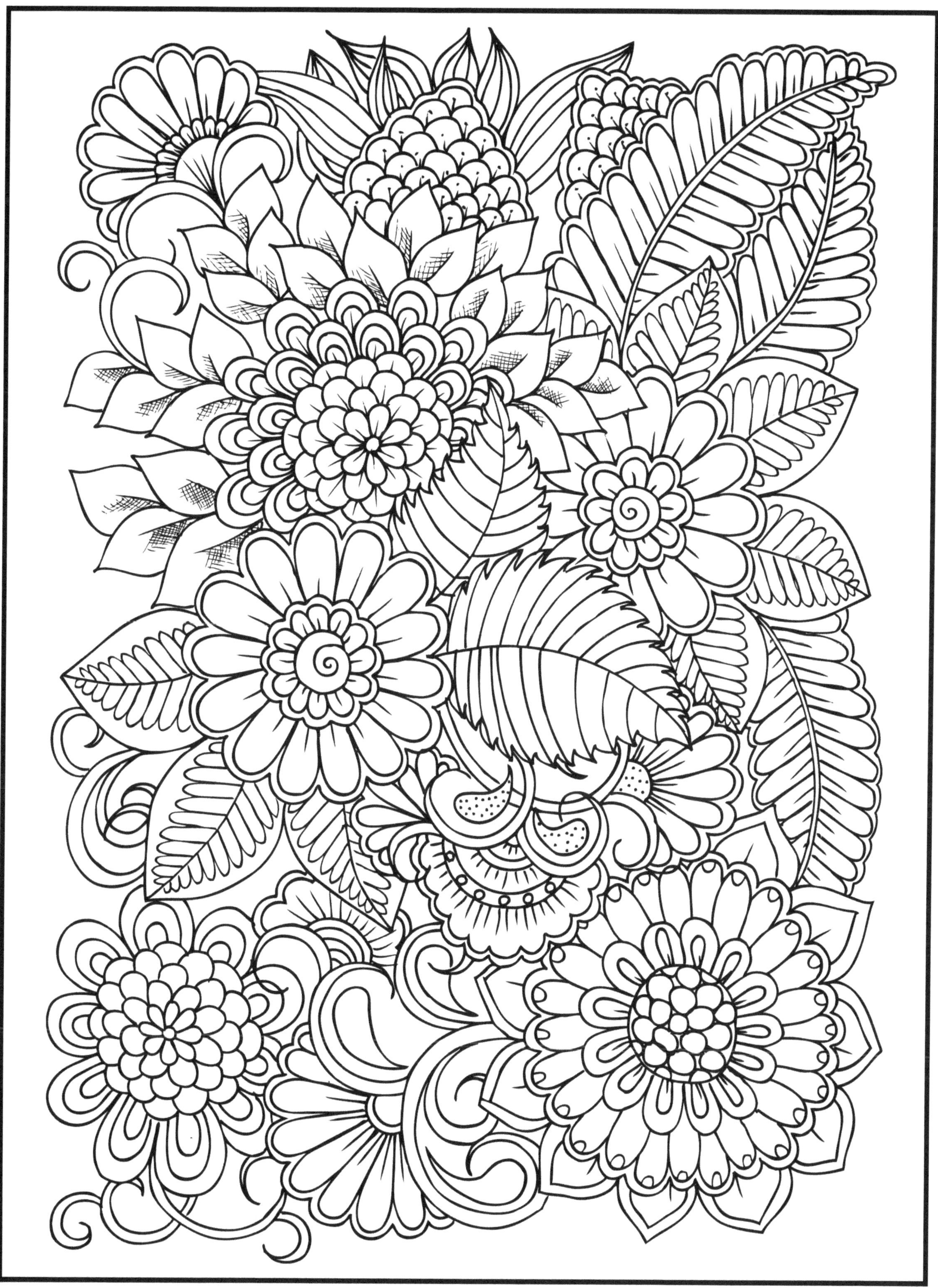